2025 激動の世界 希望ある未来

志位和夫
田村智子

目次

党の魅力を広い国民に語り
選挙勝利と強く大きな党づくりを

激動の世界 希望ある未来

志位和夫議長が大いに語る

2025年新春にあたって、志位和夫中央委員会議長に、「激動の世界　希望ある未来」と題して、国際問題、理論問題を中心に聞きました。聞き手は、小木曽陽司・赤旗編集局長と西沢亨子・同次長（論説委員会責任者）。

志位和夫議長の新春インタビュー。聞き手は小木曽陽司赤旗編集局長（中央）と西沢亨子同次長（右）

はじめに――激動の1年を振り返って、新年の抱負を語る

小木曽、西沢　あけましておめでとうございます。

志位　あけましておめでとうございます。

小木曽　議長は、昨年（2024年）1月の第29回党大会いらい、「東アジア平和提言」、欧州歴訪、アジア政党国際会議への参加など旺盛な外交活動、「共産主義と自由」「自由な時間と未来社会論」の解明など、理論分野での精力的な活動、総選挙結果がつくりだした「新しい政治プロセス」を前にすすめるたたかいの提起など、党活動のさまざまな分野で先頭に立ってこられました。1年を振り返って強く感じていること、新年の抱負をまずうかがいます。

情勢の大激動のなかで、綱領と党大会決定の生命力が躍動している

志位　まず、能登地震から1年、亡くなられた方々への深い哀悼と、被災された方々への心からのお見舞いをのべるとともに、党として復旧・復興に引き続き全力をつくす決意を申し上げます。

「しんぶん赤旗」読者のみなさんの日ごろのご協力に心から感謝いたします。昨年10月の総選挙は悔しい後退となりましたが、教訓をしっかりと明らかにし、都議選、参院選では必ず前進に転じる決意をのべたいと思います。

昨年を振り返っての強い実感は、一言で言いますと、情勢の大激動のなかで、党綱領と科

学的社会主義、そして党大会決定の生命力が躍動しているということです。

党大会決定では、「自民党政治の全体が末期的な状況におちいっている」とのべ、腐敗政治、経済無策、戦争国家づくり、人権後進国、あらゆる面で自民党政治が出口なしの政策破綻におちいっていることを暴き出しましたが、そのことは総選挙での自公過半数割れという国民の審判によって証明されました。共産党と「赤旗」の奮闘で情勢が一歩前に大きく動きました。

党大会決定では、東アジアの平和構築をはかる党の「外交ビジョン」をさらに発展させることを決め、4月17日、「東アジア平和提言」を発表し、この「提言」をもって、国内でも、アジアでも、欧州でも、対話と交流を行ってきましたが、どこでも私たちの「提言」が歓迎され、響き合ったことはうれしいことです。

党大会決定では、綱領のめざす未来社会について、三つの角度から「人間の自由」が花開く社会という特徴づけを行いましたが、「共産主義と自由」について学び、語り合う運動が始まり、共感が広がりつつあります。私たちの事業の前進をかちとる新たな鉱脈を発見した思いです。

今年を、これらの流れをさらに発展させ、平和でも暮らしでも明るい希望が見えてくる年にしていきたいと決意しているところです。

新しい指導体制の1年について

西沢　党大会で新しい指導体制がつくられてから1年がたちました。新しい指導体制のな

インタビューする小木曽陽司編集局長

インタビューする西沢亨子赤旗編集局次長

かで議長の役割、田村智子委員長との役割分担、議長として心がけてきたことなどもぜひお話しください。

志位　国政の代表者は、田村委員長が担い、この1年間、新しいことに次々と挑戦し、立派な働きをしていると思います。田村さんならではの魅力が生き生きと発揮され、新鮮な期待が大きく広がっているのではないでしょうか。とてもうれしく頼もしく思っています。

私は、議長として、党活動の全体に責任をもつということでやってきました。とくに任務分担を決めているわけではありませんが、自然体で任務分担が行われているのではないかと思います。ひきつづき持てる知恵と力をつくしていきたいと思います。

2025年の世界をどうとらえ、どう働きかけるか

ブロック対立、軍事対軍事のエスカレート――この先に決して平和は訪れない

小木曽　今日、まとまってお聞きしたいのは、どうやってアジアと世界の平和をつくっていくのかという問題です。世界を見ると、ウクライナとガザでの戦乱が続き、軍事対軍事の対立が深まっています。一方で、日本被団協（日本原水爆被害者団体協議会）のノーベル平和賞受賞などのうれしい出来事も起こりました。２０２５年の世界をどうとらえ、どう働きかけていくのか。

志位　いまの世界を見ますと、たしかに深刻な逆流が強まっている、この現実から、目をそむけるわけにはいきません。ウクライナ侵略を契機として、ブロック対立、軍事対軍事の危険なエスカレートが起こっています。

アメリカが、ユーラシア大陸の東と西で、軍事同盟強化を加速させています。東アジアで、「対中国」の軍事包囲網づくり――日米、米韓、米豪などの軍事同盟強化の動きを進め、日本はその最前線に立たされています。欧州でも、北大西洋条約機構（ＮＡＴＯ）が欧州を覆う勢いで拡大し、大軍拡が進められています。そして、アメリカは、「統合抑止」の

インタビューにこたえる志位和夫議長

名のもとに、東西の同盟国を一つに結びつけようとしています。NATO軍が日本にまで来て演習し、自衛隊が欧州にまで行って演習する。〝軍事同盟のグローバル化〟が進められていることは、きわめて重大です。

小木曽 ロシアや中国の側の動きもあります。

志位 そうですね。ロシアがウクライナ侵略を続ける。中国が力での対抗を強化する。ここにも情勢悪化のもう一つの要因があります。ロシアと北朝鮮が昨年6月、「包括的戦略パートナーシップ条約」――相互の軍事援助の取り決めを結びました。北朝鮮軍がウクライナ戦争に投入されていることは、違法な侵略戦争への国際的加担という点でも、北東アジアの緊張を高める点でも、二重に危険な動きです。中国が東シナ海などで力による現状変更の動きを続けていることが、情勢の緊張をつくりだしていることも指摘しなければなりません。

双方が対抗しあい、軍事対軍事の危険な悪循環をつくりだしている。この先に平和は決して訪れません。この危険と正面から立ち向かうとりくみは今年の急務です。

とうとうたる平和の本流が着実に前進している――この流れを前に進める年に

西沢 石破茂首相などが「日本をとりまく安全保障環境は戦後最も厳しい」と繰り返すもとで、「21世紀になっても世界は真っ暗か」という声も少なくありません。

志位 首相のそうした決まり文句に対しては、米国言いなりで自公政権が大軍拡を進めていることが、世界とアジアの安全保障環境を悪化させる片棒をかついでいる、その自覚がないのが問題だということをまず言いたいですね。

西沢　自分自身が情勢悪化の一因だと。

志位　そうです。そのうえで強調したいのは、「日米同盟絶対」でアメリカの方ばかり見ずに、世界に広く目を向けるならば、とうとうたる平和の本流が着実に前進している姿がはっきりと見えてくるということです。

第一は、対話と包摂で平和をつくる、平和の地域協力の流れが発展をみせていることです。なかでもＡＳＥＡＮ（東南アジア諸国連合）の発展の足取りは着実です。昨年10月、ラオスでＡＳＥＡＮの首脳会議や東アジアサミット（ＥＡＳ）など一連の会議が開かれましたが、ＥＡＳの議長声明で「対抗ではなく対話と協力の文化を確保する」「包摂的な形で平和、安定と豊かな発展を可能にする環境を推進する」などが盛り込まれたことは注目されます。

第二は、核兵器禁止条約が発効し、「核兵器のない世界」をつくる大きな希望となっていることです。昨年末に行われた日本被団協へのノーベル平和賞の授賞式には、ノルウェーで国をあげての祝福が寄せられました。

第三は、ジェンダー平等など人権問題での前進がつくられ、奴隷制と植民地支配に対する歴史的清算の流れが発展していることです。この流れにどう向き合うかは、戦後80年の今年、日本の政治に鋭く問われることになるでしょう。

今年、２０２５年が、世界とアジアの人々と連帯して、これらの平和の本流を前に進める年になるよう、知恵と力をつくしたいと思います。

対話と包摂で平和をつくる——「東アジア平和提言」を力にして

「外交ビジョン」から「東アジア平和提言」へ——どういう発展があったのか

小木曽　まず平和の地域協力の流れにかかわって、議長が昨年4月17日に発表された「東アジアの平和構築への提言」についてうかがいます。日本共産党は22年1月の党旗びらきで、大軍拡に対する平和的対案として、東アジアに平和をつくる「外交ビジョン」を提唱し、実現のために力をつくしてきましたが、それをさらに発展させたのが「東アジア平和提言」ということですね。どういう発展があったのかお話しください。

志位　「東アジア平和提言」では、この間の情勢の進展、23年12月に行った東南アジア3カ国歴訪（インドネシア、ラオス、ベトナム）の成果を踏まえて、「外交ビジョン」を大幅にバージョンアップし、「三つの柱」からくみたてました。

第一の柱は、ASEANと協力し、ASEANインド太平洋構想（AOIP）の実現を共通の目標とし、東アジアサミット（EAS）を活用・強化して、東アジアを戦争の心配のない地域にしていくことです。

第二の柱は、北東アジアの諸問題——日中関係、台湾問題、朝鮮半島問題、歴史問題などの外交的解決をはかり、将来的に、東アジア平和共同体をめざすことです。

第三の柱として、ガザ危機とウクライナ侵略を、国連憲章・国際法を最大の基準にして解決することを、東アジアの平和とも深くかかわる大問題として、位置づけけました。最後に、「提言」では、東アジアの平和構築のための国民的・市民的運動を呼びかけました。各国政府・政党・市民社会の共同のとりくみを強め、草の根から平和の声を広げ、東アジアの平和構築という大事業をやりとげようという呼びかけです。

西沢　とても包括的な内容ですが、「提言」を貫く根本的な考え方は、端的に言えばどのようなものなのでしょうか。

志位　端的に言えば二つです。一つは、外交の可能性をとことん追求し、対話による平和構築に徹していること。もう一つは、あれこれの国を排除する論理をしりぞけ、すべての関係国を包摂して平和を創出する立場を貫いていることです。

西沢　対話と包摂で平和をつくるということですね。

志位　そうです。軍事に頼らない平和構想ということが肝心なところです。そして、「提言」は机上でつくったものではない。東南アジアを何度も訪問し、内外の実践と知恵に学び、練り上げてきたものだということを強調したいと思います。

欧州訪問での響き合い――「新たなブロック対立を防がなければならない」

小木曽　「提言」は日本国内にとどまらず、世界にも発信されました。8月末から9月初めにかけての欧州歴訪（ドイツ、ベルギー、フランス）の機会にも、「提言」を紹介され、とても響き合ったというお話でした。

志位　「東アジア平和提言」の英語版をどっさり持っていって活用しました。ローザ・ルクセンブルク財団主催のベルリン国際平和会議での発言、左翼・進歩諸党との一連の会談のなかで、「東アジア平和提言」を紹介し、ブロック政治に反対し、包摂的な平和の枠組みを発展させることこそ平和をつくる大道だと訴えました。欧州でも、ウクライナでの流血を終わらせ、平和と安定を確かなものとするためには、困難はあっても、欧州安全保障協力機構（ＯＳＣＥ）のような、ロシアも含めて欧州のすべての国を包摂する平和の枠組みを再活性化させることが大切になってくるのではないかと話しました。

西沢　ヨーロッパで東アジアの問題がどう受け止められましたか。

志位　距離的には遠く離れた欧州で理解してもらえるかは、率直にいって不安もありました。しかし、驚くほど響き合うものがありました。

まず、私たちが、欧州での軍事同盟強化と大軍拡の動きを強く心配していますと話しますと、先方からも、「憲法９条をもつ日本で大軍拡が起こっているのはなぜなのか」などの心配の声がたくさん寄せられます。私たちは、共通の危険に対峙《たいじ》している。ならば国際連帯が必要だ。これはすぐに合意になります。それでは平和の対案は何かと考えると、ブロック政治に反対し、対話によって包摂的な平和の枠組みをつくる以外にないということになります。

ベルリンの国際会議で採択された「呼びかけ文」には、ウクライナ戦争終結のための和平交渉の呼びかけとともに、「私たちはいま行動し、新たなブロック対立を防がなければならない」という一文が修正・補強される形で新たに明記されました。

左翼・進歩諸党との一連の会談でも、どこでも認識の一致がえられました。欧州左翼党のワルター・バイアー議長とは、ベルリンとブリュッセルで2度、会談する機会がありましたが、私が、「東アジア平和提言」の立場を話しますと、あなたがたの外交論に完全に同意します、との答えが返ってきました。さらにバイアー議長は、OSCEについて、あるべき平和秩序の中心にすえられるべきと語りました。

小木曽　ブロック対立に大陸全体が引き裂かれている欧州でも「提言」が受け止められたということですね。

志位　そうした対立がいかに有害かをウクライナ戦争で目の当たりにしているからこそ、ASEANが進めているような包摂的な平和の枠組みをつくることの重要性が深く理解されたのではないか。これが実感でした。

アジア政党国際会議──「東アジア平和提言」の方向が2回連続で「宣言」に

小木曽　昨年11月には、カンボジアのプノンペンでアジア政党国際会議（ICAPP）第12回総会が開かれました。ここでも大きな成果がありました。アジアの与党、野党が立場の違いを超えて一堂に会した国際会議で、党が主張する〝対話と包摂で平和をつくる〟という大方向が「プノンペン宣言」に明記されたという報告に、たいへんに感動しました。

志位　私がとても重要と思うのは、そうした内容がICAPP総会の「宣言」に盛り込まれたのは、2022年11月にトルコ・イスタンブールで行われた総会での「宣言」につづいて2度目となったということです。

イスタンブールでの総会で、わが党代表団は、東アジアに平和をつくる「外交ビジョン」

の重要性を訴え、「イスタンブール宣言」には、「ブロック政治を回避し、競争よりも協力を重視する」という大方向が明記されました。

これにつづくプノンペンでの総会でも、わが党代表団は、「東アジア平和提言」のコンセプトが「宣言」に盛り込まれるようにと奮闘しました。「プノンペン宣言」には、〝対話と包摂で平和をつくる〟という大方向が明記されました。「宣言」は、この大陸での大国間の対立の強まりに強い警鐘を鳴らすとともに、「対話」と「包摂性」の重視という具体的内容を踏み込んで明記しています。これは「ブロック政治の回避」を記した「イスタンブール宣言」をさらに発展させたものとなりました。

西沢　「2度続けて」というのは、「たまたま」ではないということですね。

志位　そうですね。偶然何かの拍子で入ったものではない。ICAPPという国際会議は、アジアで活動する政党に、与野党の区別なく、イデオロギーの違いを超えて開かれた、超党派の平和のフォーラムです。そうしたフォーラムで、2度続けて、わが党の「外交ビジョン」「東アジア平和提言」のコンセプトを反映した内容が、総会の「宣言」に盛り込まれたことは、わが党の外交方針が、アジア大陸で起こっている平和の本流と深く共鳴しあう生命力をもっていることを示すものとなったと思います。

包摂的な枠組み、非同盟・中立、核抑止と決別――ここにこそ世界の本流がある

小木曽　お話を聞いていると、「東アジア平和提言」は、東アジア地域にとどまらず、国際的普遍性をもっているように思います。その背景には世界のどういう変化があるのでしょ

うか。

志位　私は、昨年6月、「東アジア平和提言」をもって、南アフリカ大使館をたずね、ルラマ・スマッツ・ンゴニャマ大使と会談する機会がありました。「提言」を発表した4月17日の講演会に大使が参加してくれ、熱心に耳を傾けていただいたことへのお礼もかねての訪問でした。会談のなかで、大使は、「提言」について、南アフリカ政府の立場と共通点が多い、高く評価しますとのべました。ガザでのジェノサイド（集団殺害）を止めるための国際連帯、核兵器廃絶での協力を確認した会談ともなりました。

「東アジア平和提言」を紹介しながら発言する志位議長＝2024年11月22日、プノンペン（面川誠撮影）

その対話のなかで、私は、次のような世界の見方を話しました。

「いまの世界の流れを大きく見ると、一方で、ブロック的対応を強化し、核抑止に依存し、世界の分断・対立を深刻化させる流れがありますが、他方で、包摂的な枠組みを重視し、非同盟・中立を志向し、非核地帯条約によって核抑止と決別している流れがあります。後者の潮流は、東南アジアでASEANという平和共同体の目覚ましい成功という形であらわれているとともに、ラテンアメリカ、アフリカでも困難や曲折を経ながらも発展しています。ここにこそ未来ある世界の平和の本流があると思います」

大使は、「わが意を得たり」との表情で深くうなずき、そうした世界の見方は自分の見解とも共通するものですと応じました。

こうした平和の本流が広がっていることの根本には、わが党綱領が解明しているように、20世紀に起こった植民地支配からの解放と、百を超える主権国家の成立という世界の構造変化の主舞台が、アジア・アフリカ・ラテンアメリカだったことがあげられます。その力が21世紀の今日、包摂的な枠組みを重視し、非同盟・中立を志向し、核抑止と決別して核兵器廃絶をめざすという流れになってあらわれているのです。

日本共産党と、党綱領の世界論、「東アジア平和提言」は、こうした世界の平和の本流に立ったものであり、だからこそ世界と広く響き合う生命力を発揮しているのではないでしょうか。ここに確信をもち、「提言」にもとづく対話と共同を内外でさらに広げていく年にしていきたいです。

日中関係――言うべきことを言いつつ、良い方向に向かうよう、対話を続けたい

小木曽　各論に入っていきます。「東アジア平和提言」は、北東アジアの諸問題の外交的解決についても具体的な提案を行っています。

まず日中関係では、23年3月30日に発表した「提言」――「日中両国関係の前向きの打開のために」をあらためて位置づけています。「日中提言」は、日中両国政府間に、「双方は、……互いに脅威とならない」など三つの点で「共通の土台」があることを強調し、それを生

かして両国関係の前向きの打開をはかることを呼びかけたものでしたが、日中両国政府の双方から肯定的な受け止めが表明されました。中国側との話し合いはどうなっているのでしょうか。

志位　中国共産党、中国大使館との話し合いを行っています。「東アジア平和提言」の内容を伝え、こうした意見交換は有益だとなり、続けることにしています。

昨年6月、緒方靖夫副委員長は、中国上海の復旦大学日本研究センターの招きで訪中し、同センター主催の学術交流会で基調報告を行い、「東アジア平和提言」の内容を紹介しました。両国関係の前向きの打開のための三つの「共通の土台」を強調するとともに、尖閣諸島問題、台湾問題、歴史問題での「提言」の内容を紹介しました。

討論では、緒方さんの報告の内容にかかわって、中国側の政策と立場が語られました。同時に、「提言」については全体として肯定的評価が語られました。司会を務めた日本研究センター所長は、「きわめて重要な提言を紹介してもらいました。尖閣と台湾については賛成しないけれども、異なる意見があっても、それを含めて対話をすることが大切です。このような交流をさらに発展させましょう」とコメントしました。

わが党と中国の党の間には、大きな意見の違いが存

「東アジアの平和構築への提言——ASEANと協力して」をテーマに講演する志位和夫議長＝2024年４月17日、衆院第１議員会館

在します。同時に、中国は、世界で重要な役割を担っている隣国であり、対話をとぎれなく続けていくことが大切だと思います。さまざまなレベルで、言うべきことを言いつつ、両国関係が良い方向に向かうよう、対話を続けていきたいと考えています。

朝鮮半島問題――非核化を断固追求しつつ、平和体制構築を一体的に

西沢　朝鮮半島問題についてうかがいます。「東アジア平和提言」は、困難は大きなものがあるが、軍事的対抗の悪循環から対話による平和的解決への方向転換をはかることが急務として、2018〜19年の南北、米朝首脳会談の教訓を踏まえて、朝鮮半島の非核化と平和体制の構築を一体的、段階的に進めることが、唯一の現実的方法だと強調しています。

志位　私たちは、この間、「提言」をもとに、国内外の専門家と朝鮮半島問題についても話し合ってきました。共通した結論は、たいへんに困難だが、「提言」の方向が唯一の筋のとおった解決方向だということでした。

この問題に精通している韓国のある政治家は、昨年、私との会談のなかで、次の3点を強調しました。①北朝鮮を事実上の核保有国として扱うのは非常に危険だ。北朝鮮は核保有国だと主張するが、断固として拒否しなければならない。②困難ななかでも交渉をしっかりとやって朝鮮半島全体の非核化につなげるべきだ。③戦争状態を終わらせ、地域の平和体制を構築すべきだということを支持する。

トランプ氏が米国次期大統領に選出され、バイデン大統領とは違った対応をとることが予想されるもとで、朝鮮半島の非核化を断固として追求しつつ、それと一体に平和体制を構築

する、合意できたものから段階的に実施する、こうした「提言」の立場がいよいよ大切になってくると思います。

日中関係でも、朝鮮半島問題でも、軍事を絶対に選択肢にしてはなりません。解決の道は外交しかありません。「提言」にもとづいて可能な外交努力を行う決意をのべるとともに、平和構築に向けた国内外の世論を起こしていくことを呼びかけるものです。

ガザへのジェノサイドを止める――連帯したたたかいを急速に強めよう

小木曽　「東アジア平和提言」では、ガザ危機とウクライナ侵略を、国連憲章・国際法を最大の基準にして解決することを訴えています。打開の方向をお話しください。

志位　ガザへのジェノサイドを止めるためにいま何より重要なのは、国際世論による包囲の輪を強めていくことです。

この間、国連総会では即時停戦を求める決議、パレスチナ国家の国連正式加盟を支持する決議、占領の1年以内の終了を求める決議が圧倒的多数で可決されています。国際司法裁判所（ICJ）は、ガザでのジェノサイド防止を求める暫定措置を発表し、国際刑事裁判所（ICC）はイスラエル首相らに逮捕状を出しました。

世界の市民社会が虐殺と占領を止めるために連帯を強めることに力をそそぎたい。私も、この間、ベルリンの国際平和会議、プノンペンのアジア政党国際会議で、「ストップ・ジェノサイド」の連帯を訴えましたが、ヨーロッパでもアジアでも「虐殺と占領をやめよ」という大きなうねりが起こっていることを肌身で感じました。

西沢　これだけの国際的な批判を浴びても、イスラエルはガザ住民の「最後の頼みの綱」といわれている国連パレスチナ難民救済事業機関（ＵＮＲＷＡ）の活動を今年1月から禁止するという暴挙に出ています。イラン、レバノン、シリアを攻撃し、戦火を中東全体に広げつつあります。

志位　なぜイスラエルが無法をやめないのか。アメリカがイスラエルへの軍事援助を続けているからです。アメリカの軍事援助がなければ、イスラエルは一日たりとも無差別攻撃を行うことはできない。この根本に迫るたたかいが重要です。

日本政府の立場が問われています。日本政府は、国連総会での即時停戦決議案、占領終結決議案などに賛成しています。ならばイスラエルによる無法を本気で止めるために行動を起こすべきです。何よりも、アメリカにイスラエルに対する軍事支援を「やめろ」と迫るべきです。日本でのたたかいを緊急に強めることを心から訴えます。

ウクライナの流血を終わらせ、「公正な和平」を実現するために

小木曽　ウクライナ侵略開始から3年近くになろうとしています。この間、さまざまな和平交渉の提案がなされていますが。

志位　昨年、8月にベルリンで行われた国際平和会議で、私は、ウクライナの流血を終わらせるために、国際社会に「和平協議に道を開くあらゆる努力」を求めるこの国際会議のイニシアチブに強く賛同することを表明しました。この戦争は戦場で決着することはなく、交渉による停戦・和平の道しかありません。そのさい二つの点が重要になることを訴えまし

た。

一つは、和平は、国連憲章、国際法、ロシアによる侵略を非難し即時撤退を求める4度にわたる国連総会決議にもとづく「公正な和平」であるべきということです。「国連憲章を守れ」の一点で世界の圧倒的多数の国ぐにが団結することこそ、この戦争を終わらせる道だということを訴えました。かりに和平交渉が開始されたとして、国連決議にそった「公正な和平」の実現までには時間差があるかもしれませんが、この目的をあいまいにしてはならない。これがわが党の立場です。

もう一つは、「公正な和平」を阻んでいるものは何かという問題です。米国などG7（主要7カ国）の側の最大の問題点は、「ダブルスタンダード」にあります。ロシアを非難するが、イスラエルを擁護する。これこそが国際社会の団結の最大の障害になっています。私は、ベルリンの国際平和会議で次のように訴えました。

「ウクライナ人、パレスチナ人、イスラエル人の命に異なる価値をつけることで、どうして世界が団結できるでしょうか。誰に対してであれ、国連憲章と国際法は、平等に適用されなければなりません」

トランプ氏の再登板はウクライナ戦争にも影響を与えることが予想されますが、それだけに原則的立場の主張がいよいよ重要になってくると考えます。

被爆80年の年に「核兵器のない世界」への前進を
――「人道的アプローチ」が大きなカギ

被爆者の声が世界を圧し、世界を動かした

小木曽　日本被団協のノーベル平和賞受賞に、日本国民は喜びでわきにわきました。議長自身はどのように受け止めましたか。

志位　私も喜びで熱いものがこみあげてきました。授賞式での田中熙巳《てるみ》被団協代表委員の講演にも深く心を揺さぶられました。

私は、これまで国際舞台で、被爆者の方々とご一緒に活動する機会が何度かありましたが、被爆者の声がいかに巨大な力をもつか、「被爆者の声が世界を圧し、世界を動かした」という場面を何度も目にしてきました。

2010年のNPT再検討会議で、被団協を代表して長崎の被爆者・谷口稜曄《すみてる》さんが、原爆で赤く焼けただれた背中の写真を微動だにせず高く掲げ続けて「私を最後の被爆者に」と訴えたことは、会場を埋めた各国代表に大きな感銘をあたえ、この会議での大きな成果へとつながりました。

2017年の核兵器禁止条約の国連会議で、被団協を代表しての広島の被爆者・藤森俊希さんの「同じ地獄をどの国のだれにも絶対に再現してはならない」との訴え、広島の被爆者

でカナダ在住のサーロー節子さんの「この条約は世界を変えるし、変えられます」との訴えは、議場を圧し、割れんばかりの拍手がわき起こりました。核兵器禁止条約の成立という歴史的成果への巨大な後押しとなった光景は忘れられません。

「人道的アプローチ」が、核固執勢力を追い詰める大きな力を発揮している

西沢　被爆者の訴えが、世界の核軍縮交渉にどういう影響をあたえていったのかについて、お話ししていただければと思います。

NPT再検討会議に出席・発言した（右から）谷口稜曄さん（故人）と児玉三智子さん（現被団協事務局次長）らと交流する日本共産党の志位和夫委員長（当時、右から４人目）と笠井亮国際委員会副責任者（当時は衆院議員、その左）＝2010年５月２日、ニューヨーク市の国連本部前

志位　私がとくに強調したいのは、被爆者が痛苦の体験をもって、核兵器が人類と共存できない究極の悪の兵器だと訴え続けてきたことが、核軍縮交渉に「人道的アプローチ」と呼ばれる新たな観点をもたらしたということです。つまり、それまでもっぱら安全保障の観点から行われてきた核軍縮交渉を、核兵器の非人道性に光をあてた議論――いわば生きた人間の血が通った議論へと発展させたのです。

その大きな契機となったのが２０１０

年のNPT（核不拡散条約）再検討会議でした。この会議は、核兵器禁止条約への重要な一歩をしるした会議となりましたが、同時に、最終文書で、核使用が「人道上壊滅的な結果」をもたらすと強く警告し、はじめて核兵器の非人道性に言及した会議ともなりました。

小木曽　被爆者の声がはじめてNPTの最終文書に盛り込まれたのですね。

志位　そうです。この合意を踏まえて、2013～14年、ノルウェー、メキシコ、オーストリアで、3回にわたって「核兵器の人道的結末に関する国際会議」が開催され、核兵器の非人道性が国際社会の共通の認識となっていきました。この流れをうけ、2015年の国連総会で、「人道的アプローチ」の流れにそった四つの決議が採択されるとともに、「核兵器のない世界」の実現のための「効果的な法的措置」を探求するオープンエンドの作業部会を設置することが決まり、2017年の核兵器禁止条約の成立につながっていきました。

2024年の国連総会で、核戦争の結果を最新の科学的知見で明らかにすることをめざす新しい決議案「核戦争の影響と科学的研究」が圧倒的多数で採択されたことは、核兵器をめぐる現在の危機的事態を打開し、「核兵器のない世界」にすすむうえで大きな力になるものです。

「人道的アプローチ」は、「核抑止力」論に対する根本的批判となり、核兵器に固執する勢力を追い詰めていく大きな力となっています。なぜならば「核抑止力」論とは、いざとなったら核を使用する――広島・長崎のような非人道的惨禍を引き起こすことを前提とした議論だからです。

日本政府は、核兵器の非人道性を認め、昨年の国連決議にも賛成しました。しかし、米国いいなりに「核抑止力」論をたてに、核兵器禁止条約に背を向け続けている。これは根本的に矛盾している。核兵器の非人道性を訴えるならば、「核抑止力」論の呪縛を吹き払って、核兵器禁止条約に参加せよ。被爆80年の今年、この声を大きく広げていきたいと思います。

戦後80年――負の歴史を清算する世界史的うねりのなか、日本の姿勢が問われる

〝三つの重要文書〟の核心的内容を継承し、ふさわしい行動をとる

小木曽 今年は、戦後80年。日本が過去の侵略戦争と植民地支配にどう向き合うかが問われてきます。党の基本姿勢をお話しください。

志位 日本政府は1990年代に、歴史問題について〝三つの重要文書〟を明らかにしています。「植民地支配と侵略」への反省を表明した95年の「村山談話」、日本軍「慰安婦」問題について、軍の関与と強制性を認め、反省を表明した93年の「河野談話」、韓国に対する植民地支配への反省を表明した98年の「日韓共同宣言」です。これらは歴史問題に対する到達点として国内外から評価されてきました。

それを逆行させたのが戦後70年に出された「安倍談話」でした。歴史問題はもう解決ずみだ、これからは謝罪だの反省だのは言わないようにしよう、〝三つの重要文書〟を事実上お蔵入りにしてしまおう、これが「安倍談話」でした。この10年間は、「安倍談話」の線でこ

とがすすめられ、それが日本軍「慰安婦」問題でも、「徴用工」問題でも、解決の重大な障害になってきました。

西沢　これからは反省を言わないというのは、加害国の言うことではありませんね。

志位　そうです。反省を未来の世代まできちんと引き継いでこそ、本当の友好をつくることができます。「東アジア平和提言」では、戦後80年にあたって、「安倍談話」による逆行を清算し、〝三つの重要文書〟の核心的内容を継承し、それにふさわしい行動をとることを求めています。その重要性が国民共通の認識となるよう力をつくしたいと考えています。

英連邦首脳会議で奴隷貿易問題での前向きの合意――世界は大きく動いている

西沢　世界に大きく目を向けてみると、植民地支配と奴隷制度の責任を過去にさかのぼって明らかにし、謝罪を求める大きなうねりが広がっていますね。

志位　そうです。大会決定では、オランダ、ベルギー、ドイツ、メキシコなどの政府から、過去の植民地支配と奴隷制度への公式の謝罪が行われたことを列記しています。２００１年9月に発せられた国連「ダーバン宣言」は、「植民地支配が起きたところはどこであれ、いつであれ、非難され、その再発は防止されなければならない」「奴隷制と奴隷貿易は、人道に対する罪である」と明記しましたが、それから20年をへて、人類史は着実な進歩を見せている。ここにも世界の構造変化の力が働いています。

この点で、昨年10月、南太平洋のサモアで開催された英連邦首脳会議（英国と英国の旧植民地など56カ国加盟の連合体）の動きは注目です。アフリカやカリブ海地域諸国の主張を受け、全参加国が署名し採択された「サモア声明」で、「ダーバン宣言」の重要性を確認したうえで、奴隷貿易の被害国への補償について協議を始めることが明記されたのです。

西沢　世界は、たとえ数世紀前の出来事であっても、過ちは過ちとして清算するという方向に動いているのですね。

志位　そうです。この問題に「時効」はないのです。そうした世界史的なうねりのなか、日本政府の姿勢が問われます。戦後80年にあたって、日本の政治もこうした道理ある方向に動くよう、侵略戦争と植民地支配に命がけで反対を貫いた党として奮闘していきたいと思います。

「個人」「市民社会」が平和をつくる主体に――草の根からの運動で平和をつくろう

小木曽　お話をずっとうかがって、「平和をつくる主体」として、個人の役割、市民社会の役割が大きくなる時代が来ているように思います。この点で、昨年7月に全国革新懇などの主催で行われたシンポジウム「いま東アジアの『平和の準備』をどう進めるか」の討論に注目しました。

志位　私自身、あのシンポジウムでは学ぶところが多かったです。私は、東アジアに平和構築をしていくうえで、草の根の運動の重要性を訴えたのですが、討論では、「平和をつくる主体は何か」が焦点となりました。

「いま東アジアの『平和の準備』をどう進めるか」と題したシンポジウム。左からパネリストの纐纈厚、志位和夫、佐々木寛の各氏＝2024年7月24日、東京・明治大学駿河台キャンパス

室蘭工業大学教授の清末愛砂さんは、「個人」の役割、「個人の尊厳」を強調されました。戦争に向かわない社会をつくろうとすれば、社会を構成する個人が他に対する暴力や支配の考えに依拠しない個人でなければならないし、社会にはそうした個人を育てていくことが求められるというお話でした。新潟国際情報大学教授の佐々木寛さんは、世界のさまざまな「市民社会」の動きを紹介して、「平和をつくる主役」として、「地域に根差した市民社会のネットワーク」の重要性を強調されました。

私は、お二人の発言に強く共感しますと発言しました。この間の動きは、言語に絶する苦しみを体験した一人ひとりの被爆者の発言――「個人」の発言がどんなに大きな力を発揮するかを示しました。平和や人権をつくる主体として、ＮＧＯの役割が急速に高まっています。国連経済社会理事会との協議資格をもつＮＧＯは、１９４５年には41組織だったのが、いまでは６３４３組織に増加しています。さらに世界には１０００万前後のＮＧＯ組織があり、約５０００万人が働いているとのことです。

西沢　討論では、ジェンダー平等と平和が一体だということも深められましたね。

志位　はい。ガザでの犠牲者の７割は女性と子どもです。それは「女性に対する戦争」とまで言われています。同時に、真の意味でのジェンダー平等社会ができたら、つまり人間が人間を支配するような権力的関係がなくなる社会になったら、それは戦争のない平和な社会になるという展望をもつことができると思います。

一人ひとりの「個人」、その力をあつめた「市民社会」が、各国政府とともに、平和をつくる主体になっている。ジェンダー平等と平和を一体に追求することの重要性に光があてられている。そういう時代を迎えていることをふまえて、「東アジア平和提言」を手に、草の根からの運動を大いに発展させ、アジアと世界の平和をつくるために奮闘しようではありませんか。

「日本共産党はなぜ102年間続いたか」の問いに答えて

最も困難な時代に先輩たちを支えたもの――科学的社会主義への世界観的確信

小木曽 今日、もう一つ、お聞きしたいのは、私たちの世界観――科学的社会主義の問題です。議長は、「毎日」のインタビューのなかで、「私たちの戦いは資本主義との戦いです。それが人類が最後に到達した理想の体制だとは思っていない」「その時々の資本主義のゆがみと戦ってきたからこそ共産党は１０２年（今年で１０３年）続いている」「資本主義が行き過ぎた今、我々の出番です」とのべています（24年12月9日付夕刊）。日本共産党の存在意義ここにありと、新鮮な感動をもって受け止めました。

志位　実は、あのインタビューで、私に投げかけられた質問は、「日本共産党が１０２年続いている理由を一言でお願いします」というものでした。私は、党創立１００周年記念講演などで、１００年続いた理由として「不屈性」「自己改革」「国民との共同」を強調したこともありましたが、「一言で」と言われたのでいろいろ考えて、こうお答えしました。

「日本共産党という党は、その名が示すように、資本主義という体制を人類が到達した最後の体制と思っていません。人類はこの矛盾と苦しみに満ちた体制をのりこえて、その先の社会――社会主義・共産主義に進む力をもっている。この信念・確信を、日本共産党は、どんな苦しい時代にも、ひと時も失ったことはないのです。それが１０２年続いた理由です」

小木曽　なるほど。

志位　たとえば、戦前の苛烈な弾圧のもとで、私たちの先輩たちのたたかいを支えたものは何だったか。反戦平和と民主主義を貫いて12年の投獄をたたかいぬき、戦後の党の発展にも大きな足跡を残した宮本顕治さんは、「獄中12年の支えとなったものは」との問いに、「一口にいえば、共産主義の原理に深い確信をもっていたから」だ、「社会発展の法則が、たとえ共産党が弾圧されようが組織がこわされようが、かわらず発展していくんだという確信」だったと答えています。

あらためて宮本さんの暗黒政治のもとでの公判記録（１９４４年）を読んでみますと、宮本さんは法廷で、「我々の究極の目的は社会の必然的発展を促進」することにあるとのべたうえで、日本の歴史の発展について、原始共同体、奴隷制、封建制、資本主義と、スケール大きく諄々《じゅんじゅん》と語り、資本主義の矛盾を解決するために社会主義を追求していると語り、「このような矛盾を排除するための行為は刑法の道義的観念に照らして罰せられるべきものではない」と喝破しています。

西沢　まるで法廷が歴史学の教室に変わったかのような……。

志位　堂々たる弁論の展開です。私は、この間、戦前、迫害と不屈にたたかい、24歳の若さで命を落とした4人の女性党員――飯島喜美《きみ》、伊藤千代子、高島満兎《まと》、田中サガヨについてそれぞれ話す機会がありましたが、どの先輩たちも科学的社会主義の古典を懸命に読み、自らの血肉にする努力をしていたことがとても印象的でした。

社会発展の法則を明らかにした科学的社会主義への世界観的確信、資本主義の矛盾があるかぎりわれわれの事業は不滅だという確信こそ、どんな困難のなかでもたたかいの支えとなり、103年という党史を刻んだ根本的力だと思います。

欧州の新しい発展の動き――資本主義の矛盾があるかぎり私たちの事業は不滅

西沢　いまのお話を聞いて、議長が、欧州歴訪の報告会で、「資本主義の矛盾があるかぎり、社会進歩をめざす運動は必ず起こり、必ず発展する」と強調されたことを思い出します。

志位　それは欧州歴訪の強い実感でした。旧ソ連・東欧の崩壊によって、欧州の左翼・進歩勢力は大きな困難に直面しました。しかし、それから30年余たったいま、欧州を訪問してみますと、さまざまな発展の動きが起こっているのです。激動のなかで姿を消した党もありますが、新しく生まれた党もあり、新しく再生した党もある。困難ななかで前途を開くために苦闘している党もある。マルクス主義の立場に立って頑張っている党もあれば、そういう立場ではないが、それぞれなりの立場で資本主義を乗り越えた新しい社会をめざしている党もある。

その全体の姿に接し、私は、資本主義の矛盾があるかぎり私たちの事業は不滅だという強い確信をあらたにしました。そして、格差拡大、気候危機など資本主義の矛盾が深まるなかで、いよいよ私たちの出番だということを感じました。

日本共産党の前途を考えた場合、今後も山あり谷あり、さまざまな困難や曲折は避けられないでしょう。しかし、どんな状況のもとでも揺らぐことのない力を身につけること、私たちの事業の生命力・不滅性に対しての大局的な科学的確信をもつこと、そうした世界観を育んでいくことがいま大切ではないでしょうか。

「共産主義と自由」——理論と実践を大きく発展させる年に

どこに力を入れてまとめたのかのポイントについて

小木曽　いまのお話ともかかわることですが、昨年は、「共産主義と自由」について新しい開拓を開始した年になりました。党大会決定で「人間の自由」と未来社会についてのまとまった解明が行われ、それを受けて民青（日本民主青年同盟）主催の「学生オンラインゼミ」、それをまとめた『Q＆A　共産主義と自由——「資本論」を導きに』、全国学習・教育部長会議での講義——「『自由な時間』と未来社会論——マルクスの探究の足跡をたどる」

などの探究、それにもとづく学習と対話が開始されました。その理論的ポイントを短くお話しいただけませんか。

志位　短くというのはなかなか難しいのですが、どこに力を入れてまとめたのかのポイントをお話しします。

まず大会決定でも、『Q&A　共産主義と自由』でも力を入れているのは、「資本主義はほんとうに『人間の自由』を保障しているか」という問いかけです。ごく一握りの超富裕層とグローバル大企業が空前の繁栄を謳歌《おうか》する一方、労働者に賃金の押し下げ、不安定雇用、女性や子どもに無償のケア労働を強いる社会が、自由な社会と言えるか。気候危機は、人類の生存の自由という、「自由」の根源的土台を危険にさらしているではないか。そうした問いかけから始めています。

西沢　資本主義への批判的な問いかけが対話の入り口になるということですね。

『Q＆A　共産主義と自由――「資本論」を導きに』

志位　そうです。青年・国民の生活の実態から出発して、こうした問いかけは無数にできるのではないでしょうか。

そのうえで、『Q&A　共産主義と自由』では、「人間の自由」をキーワードにして、社会主義・共産主義の本当の姿について、三つの角度から明らかにしています。

第一の角度は、「利潤第一主義」からの自由です。ここでは「生産手段の社会化」と「人間の自由」とが深く結びついていることに一つの力点をおきました。「生産手段の社会化」というと「人間不在の統制経済」を連想する方も多い。しかしそれはまったく違います。それは「自由な生産者が主役」の社会の実現に道を開くものです。それはまた、貧困や格差からの自由、恐慌や気候危機からの自由など資本主義の害悪からの自由を保障するものとなります。「人間の自由」が大きく拡大することを明らかにしました。

第二の角度は、すべての人間の自由で全面的な発展を「基本原理」（マルクス『資本論』）とする社会だということです。自分自身がもっている力をのびのびと豊かに伸ばすことを願わない人はいません。万人が自由で全面的に発展できる社会はどうやったらつくれるか。マルクスは、1850年代～60年代の経済学の本格的研究のなかで、十分な「自由に処分できる時間」＝「自由な時間」を得ることこそ、その最大のカギだということを突き止めていきます。昨年6月の講義「『自由な時間』と未来社会論」では、マルクスの探究の足跡を時系列でたどる作業をしてみました。

第三の角度は、発達した資本主義国から社会主義・共産主義に進む場合には、「人間の自由」という点でも、計り知れない豊かな可能性があるということです。綱領では、発達した資本主義がつくりだし、未来社会に継承・発展させる、「高度な生産力」「自由と民主主義の諸制度」「人間の個性」などの「五つの要素」を明らかにしていますが、『Q&A　共産主義と自由』では、ただ「継承」させられるだけでなく、「発展」させられることに力点をおいて論じました。

小木曽　全体が「共産主義には自由がない」という誤解への回答になっていますね。

志位　そうです。ただ、そうした議論への反論から入るのでなく、共産主義こそあらゆる意味で人間の自由が豊かに花開く社会だということを攻勢的に論じるなかで、そうした誤解も解きほぐしていくという論じ方にしました。

このテーマでの対話の楽しさ――「価値ある生き方とは」「本当の富とは」が議論に

サマーセミナーで参加者と語り合う志位和夫議長。その左は坂井希青年・学生委員会責任者＝2024年８月24日、党本部

西沢　議長は、「高校生サマーセミナー」や、「あいち教職員のつどい」、ベルリンでの理論交流などでも、このテーマで対話をされています。一連の対話を通じて実感されていることをお話しください。

志位　このテーマでの対話は実に楽しい、ということが実感です。「人間にとって本当に価値ある生き方は何か」「人間と社会にとっての本当の富とは何か」といった、深いところの議論になっていくのです。

高校生との対話では「競争づけで自由な時間がない」という悩みが語られ、そこから日本の教育をどう変えていくかが議論になりました。教職員のみなさんとの対話では、「未来社会での教育の役割はどうなるのか」という質問が出され、「人格の完成」という資本主義のもとで人類が追求してきた民主主義的教育の大方向が、未来社会ではより豊かなものとして発展させられるだろうという展望を話しました。

小木曽　このテーマでの対話をつうじて、人間の生き方、社会のかかえるさまざまな問題を深く考えるきっかけになるのですね。

志位　そういう楽しさがあると思います。また、対話をつうじて、さらに理論的に頭の中が整理されてきた問題もあります。

小木曽　どういうことでしょう。

「富とは何か」を考える――マルクスはとても豊かな捉え方をしていた

志位　たとえば、「富とは何か」という問題です。一般に「富」といえば、労働がつくりだす物質的富――衣食住の諸条件も含めて――がまず頭に浮かびます。人間が生きていくうえでそれは前提条件であり、必要な物質的富がなければ人間らしい暮らしはなりたちません。

同時に、物質的富さえあれば豊かな生活といえるでしょうか。収入があっても「働いて、食べて、寝るだけ」の生活では、人間らしい暮らしとはいえない。自分自身を豊かに伸ばすための、家族とのだんらんのための、社会的活動を行うための「自由な時間」があってこそ、本当に人間らしい暮らしといえるのではないでしょうか。マルクスは『資本論草稿』のなかで、「自由に処分できる時間こそ、社会と人間にとっての真の富」という言葉をのこしています。

さらに、「自由に処分できる時間」が生み出すものは何でしょうか。「人間の自由で全面的な発展」です。社会にとってこれ以上の富はあるでしょうか。ありません。社会は人間によって構成されているのですから。

もう一つ、忘れてはならないのは、「自然」こそがあらゆる「富」の土台だということです。マルクスは、1875年に執筆した『ゴータ綱領批判』のなかで、「労働はすべての富の源泉」だという議論を批判し、「それは間違いだ。自然は、労働と同じように富の源泉だし、労働そのものが自然力の現われではないか」と語っています。

教職員のつどいで質問に答えながら交流する志位和夫議長＝2024年11月17日、名古屋市昭和区

このようにマルクスは、「富とは何か」について、とても豊かな捉え方をしています。労働がつくりだす物質的富、自由な時間、人間の自由で全面的な発展、そして自然そのもの――その総体を「富」として捉えていると思います。

西沢　物質的富だけではないということが大事なところですね。

志位　そう思います。逆に言えば物質的富があふれるように拡大しても、そのことによって、「自由な時間」、人間の発展、そして自然を犠牲にするようでは、本当に豊かな社会とは言えないということになりますね。

マルクスは『ゴータ綱領批判』のなかで、「共産主義社会のより高い段階」で、「協同組合的富のすべての源泉がいっそうあふれるほど湧きでるようになる」という展望をのべていますが、ここで言われている「協同組合的富」とは、物質的富だけでなく、自由な時間、人間の全面的発展、そして豊かな自然、それらの全体についてのべていると読むべきではないかと考えています。

小木曽　そういうことも含めて実に楽しい対話になると。

志位　そう思いますよ。ぜひ今年も「共産主義と自由」にかんする学習と対話を、楽しく、豊かに、大いに広げていっていただきたい。それは、日本の民主的改革の事業に国民の多数を結集するうえでも、大きな力になることでしょう。

「賃上げと一体で、労働時間の短縮を」——「先決条件」とのマルクスの提起にこたえて

小木曽　「自由な時間」の拡大は、未来社会ではじめて問題になることではなく、現在の日本での熱い焦点の一つです。党が「賃上げと一体で、労働時間の短縮を」という政策提起を行ったことも、昨年の大きな発展でした。

志位　そう思います。これは何よりも国民の切実な要求になっています。昨年12月、「朝日」が、67職種の調査を行い、男性の労働時間が長い職種ほど、正社員として働く女性の割

合が少ない傾向にあることを明らかにする記事を掲載しました。女性が育児と仕事の両立が難しいために非正規雇用を選ばざるをえない。長時間労働が、ジェンダー平等の大きな壁となっている。長時間労働をただし、労働者の自由な生活時間を豊かにすることは、みんなの願いであり、そのための運動に力を入れたいと考えます。

同時に、この運動を国民全体のものにするためには、「そうはいっても賃金が下がるのでは」「人手不足のなかで難しい」などの疑問にこたえて、時短と賃上げは両立するし、労働条件を改善してこそ人手不足も解消する、それを実行する力を日本経済は持っていることなどを、丁寧に明らかにしていくことが大切だと思います。

この問題がいかに大切か。『資本論』でも引用されているマルクスの次の言葉を紹介したいと思います。

「われわれは、労働日の制限が、それなしには他のすべての〔改善と〕解放の試みがすべて失敗に終わらざるをえない先決条件であると言明する」（1866年、「インタナショナル（国際労働者協会）のジュネーブ大会の決議」から）

西沢　「先決条件」とは重い言葉ですね。

志位　労働者は、長時間労働に置かれたままでは、知的・精神的発達の道が閉ざされ、社会的交流や運動に参加することもできない、それではその解放をかちとることはできない。労働者階級の解放をなしとげようとすれば、労働時間の短縮は「先決条件」だ――このマルクスの提起は、現代日本にもそっくりあてはまるのではないでしょうか。そうした見地で、この運動を大いに発展させようではありませんか。

「新しい政治プロセス」——多数者革命を推進する党の真価を発揮する時

小木曽　最後に、今年の日本のたたかいについて一言お願いします。総選挙の審判で生まれた情勢について、党は、国民が自民党政治に代わる新しい政治を模索し、探求する「新しい政治プロセス」が始まったととらえ、新たなたたかいにとりくむことを呼びかけています。

志位　日本の情勢分析と活動方針については、1月10～11日に開催される第4回中央委員会総会で明らかにすることになります。私は、「新しい政治プロセス」を前進させるうえでの日本共産党の役割を、党大会決定に立ち返って一言のべておきたいと思います。

大会決定は「多数者革命と日本共産党の役割」という項で、「多数者革命のなかで共産党は何をやるのか」と問いかけ、〝あらゆる社会変革において、その主体となるのは、主権者である国民であって、国民の多数が、自らの置かれている客観的立場を自覚し、どこに自分たちを苦しめている根源があるのか、日本の進むべき道は何かを自覚してはじめて、社会変革は現実のものとなる。不屈性と先見性を発揮して、国民の自覚と成長を推進し、多数者を結集することに日本共産党の役割がある〟とのべています。

いままさに、そのような真価を党が発揮すべき時だと思います。自公の過半数割れという新しい状況で、暮らしでも平和でも国民の切実な要求実現のたたかいをおこし、国民ととももにたたかいを前進させるという政治姿勢を堅持して奮闘していきたい。同時に、国民を苦しめている根源に、「企業・団体献金をテコにした財界中心政治」「日米同盟絶対の政治」があることを明らかにし、このゆがみをただしてこそ希望ある新しい政治への道が開かれてくることを語っていくことは、わが党に課せられた重要な仕事と肝に銘じてがんばりたい。

この仕事をやりぬくならば、党の新たな躍進への道が必ず開けてくる。そういう確信と展望をもち、都議選・参院選勝利のために力をつくし、強く大きな党づくりを成功させる年にしていきたいと決意しています。

小木曽、西沢　長い時間、ありがとうございました。

（「しんぶん赤旗」２０２５年1月1日付）

党の魅力を広い国民に語り 選挙勝利と強く大きな党づくりを

2025年党旗びらき　田村智子委員長のあいさつ

日本共産党の田村智子委員長が2025年1月4日の「2025年党旗びらき」で行ったあいさつは次のとおりです。

あいさつする田村智子委員長
＝2025年１月４日、党本部

あらためまして、新年おめでとうございます。

2025年の始まりにあたって、あいさつを行います。

今年は、参院選・都議選がたたかわれます。昨年（24年）の総選挙では、自民・公明を過半数割れに追い込みながら、わが党の議席を後退させる悔しい結果となりました。来週の第4回中央委員会総会で教訓を明らかにして、今度こそ、前進に転じる選挙にしていく決意です。

この「党旗びらき」には、比例代表5人の候補者がそろって参加し、午後から埼玉、神奈川での5人そろい踏みの街頭演説も予定されています。比例5議席、選挙区・現職3人の議席を必ず獲得しましょう。その勢いをつくり出して選挙区での議席増に挑戦しましょう。まず心からよびかけます。

能登半島地震から1年、生活と生業の再建に希望がもてる政治へ

青森をはじめ豪雪の中で新年を迎えておられるみなさんに、お見舞い申し上げます。また、能登半島の大地震から1年が経過しました。被災されたみなさまに、あらためてお見舞いを申し上げます。

地震と豪雨というかつてない複合災害、しかも、これまでの災害にないほど復旧・復興が遅れ、被災した方から「見捨てられているようだ」という声まで起きています。政治の責任が重く問われます。

日本共産党は、昨年2月に石川県羽咋《はくい》市に設置した「被災者共同支援センター」を拠点として、労働組合や民主団体のみなさんとともに支援活動にとりくんできました。全国から届いた救援物資は11月末で330トン（5キロの段ボールで6万6000箱）、ボランティアは延べ7000人、募金は約3億円となりました。全国のみなさんの支援に、心から感謝を申し上げます。「支援センター」では、食料や日用品などを届けながら現状や要求をお聞きする活動に継続的にとりくみ、自治体の後援を受けて物資のお渡し会を実施しているところもあるとお聞きしました。引き続き、全国からの支援をよびかけるものです。

こうした支援活動や、地方議員のみなさんの活動も通じて、私たちは被災地の現状をつか

み、政府要請や国会質問を繰り返してきました。被災自治体のマンパワー不足、複合災害としての対策、災害関連死が増え続けている、人口減少が激しく進行しているなど、被災自治体だけではとても対応ができない深刻な状況を、なんとか打開しなければなりません。国や石川県の責任で、「命を守る」「住み続けることをあきらめなくてよい」支援策を早急に講じるよう、強く求めていきます。

また、国の被災者生活支援金の支給額を６００万円に引き上げることを含め、従来の枠組みを超えた支援策が必要です。仮設住宅の入居基準や広さ、医療・介護の自己負担の免除など、従前の制度に被災者を当てはめるのではなく、能登のみなさんが、生活と生業《なりわい》の再建に希望が持てるように枠組みを変えることが緊急に求められます。住民を主人公とした生活支援、復旧・復興へと全力で奮闘する決意です。

党旗びらきであいさつする田村智子委員長
＝2025年１月４日、党本部

党大会決定を「道しるべ」として奮闘した1年

新年を迎えて、私も党委員長として1年がたちます。新しい経験が、次々と求められたなかで、私の活動の道しるべとなったのが、第29回党大会決定です。この党大会決定についての、昨年4月の第2回中央委員会総会が全国の支部・グループにあてた「手紙」では、「党大会決定には、党の世界論・外交論の新たな発展、日本の政治の行き詰まりの打開の方途、多数者革命と日本共産党の役割、党建設の歴史的教訓と大局的展望、『人間の自由』をキーワードにした未来社会論の発展など、新しい理論的・政治的突破点がぎゅっと詰まっています」と述べています。この五つの「新しい理論的・政治的突破点」に即して、党大会決定がどのような生きた力を発揮しているのか、私の実感をお話ししたいと思います。

世界論・外交論――世界情勢との響き合い

一つ目は、世界論・外交論の発展です。

4月に「東アジア平和提言」を発表した志位（和夫）議長の講演は、それ自体が、私にとっても感動的な経験でしたが、当然、一夜限りのことでは終わりませんでした。「提言」をもってのアジアと世界への働きかけは、議長の新春インタビューをお読みいただきたいのですが、私の体験と実感をお話しします。

11月、ベトナムとインドネシアの独立記念の式典にそれぞれ出席をしたとき、4月の講演に参加された外交官のみなさんと、次々と親しくあいさつを交わすことができました。「提言」が、たくさんの新しい友人を得るパスポートになっているということを実感しました。日本からの参加者の方々とも名刺を交換しながらあいさつを交わしましたが、その一人が、日本とＡＳＥＡＮ（東南アジア諸国連合）10カ国の交流を促進する国際機関の方でした。私が、ジャカルタのASEAN本部を訪ねたことや、日本共産党はASEANの「対話と包摂」による平和づくりに注目して「東アジア平和提言」をまとめたんですよということをお話しいたしますと、「それはとてもよい観点だ」「経済の側面だけでなく、日本でももっとASEANの外交に注目してほしい」と、たちまち意気投合をいたしました。4月の講演のことをお話ししますと、「次の機会にはぜひ案内を」とリクエストもいただきました。「東アジア平和提言」は、新たな友人を国内外に広げる力となります。ぜひ今年、さらに友人を広げることに挑戦したいと思います。

昨年の私たちの大きな喜びの一つは、何といっても日本被団協（日本原水爆被害者団体協議会）のノーベル平和賞受賞でした。「しんぶん赤旗」日曜版の新春対談で、被団協の田中熙巳《てるみ》さんとお話しできたことは、大変うれしく、意義深い経験となりました。志位議長は新春インタビューで、「被爆者は核軍縮交渉に『人道的アプローチ』をもたらした」と述べましたが、田中熙巳さんもそのことを強調されていて、セットで読んでいただくと、被爆者がいかに偉大な歴史的役割を果たしたか、その意義がよくわかると思います。

被団協は、国連をフル活用しようと、国連軍縮特別総会やNPT（核不拡散条約）再検討会議で、必ず被爆証言ができるようにと努力した、原爆パネル展も国連のロビーで行った。「たとえ戦争といえども、こんな殺し方が許されるのか」——これは田中さんの言葉ですが、この非人道性を感性をもって訴えた。核兵器の非人道性が国際社会の共通の認識となり、核兵器禁止条約の誕生へとつながった。大会決定は、こうした流れを世界の本流と位置付けましたが、昨年の被団協のノーベル平和賞受賞は、そのことを鮮やかに証明したのではないでしょうか。

問われるのは日本政府の姿勢です。石破（茂）首相は「核兵器の非人道性を世界に知らせる」と言いながら「アメリカの核抑止の強化」を主張し、核兵器禁止条約に背を向けています。12月の臨時国会の代表質問で、「いざとなれば核兵器を使うぞと、相手に恐怖を与える核抑止と、非人道性を認めることとは矛盾する」と石破首相をただしましたが、石破首相は答えることができませんでした。唯一の戦争被爆国が、世界の本流への逆流となっている。こんなアメリカいいなり、日米軍事同盟絶対でいいのかと、怒りに震える思いです。

被爆80年の今年、核兵器禁止条約への参加ができる政治へと変えていこうではありませんか。核兵器廃絶という道を日本が歩むことを心の底からみなさんで訴えていくことを、心からよびかけるものです。

自民党政治のゆきづまりと破綻

「自民党政治の全体が末期的状況に陥っている」――大会決定は、腐敗政治、経済無策、戦争国家づくり、人権後進国というあらゆる面での行き詰まりを暴きました。そして、この行き詰まりを打開する希望ある政策を、私たちが持っているということも打ち出しました。

この力を私が最も実感したのは、総選挙での党首討論でした。ある番組では、「わが党は賃上げ政策をもっている、イエスかノーか」と問われました。しかし、賃上げそのものの具体的政策を語ったのは、わが党だけだったんです。

教育無償化もたびたび議論になりましたが、その財源をどうするのか、すでに軍事費は教育予算の2倍にふくれあがり、大軍拡を許していて教育無償化がどうして実現するのかという議論はわが党以外からは出てきません。そもそも大軍拡が党首討論のテーマにならない。そのなかで、政見放送でも、軍事対軍事の悪循環がいかに危険かを正面から訴えたのがわが党でした。こうした論戦をつうじて、政策とその根本にある、自民党政治の「二つのゆがみ」をただすという立場は、どんな論戦の場面でも、他党を圧倒するほどの力を持っていると、確信することができました。

総選挙では、裏金事件で自民党を追い詰めて、自公過半数割れという結果によって、自民党政治の行き詰まりと破綻は明らかに示されました。しかし、日本共産党の政策の魅力は、広い国民のなかに知られるにはいたっていません。今年の選挙こそ、自民党政治に代わる新しい政治の展望を持っていることを、広く国民に知らせていきたいと思います。国民によく伝わる言葉をみがいて、ＳＮＳを抜本的に強めて、そのことをやり抜けば、日本共産党の新たな躍進は必ずやりとげることができる。これが、私が昨年の党首討論や国会論戦などからえた深い確信です。

この点では、選挙後に、日本共産党を応援いただいた市民運動のみなさん、サポーターのみなさんとの懇談も大変激励になりました。その場には、宣伝やインターネットの仕事などをプロとしてとりくんでおられる方も含まれていました。ワンイシューで政策を押し出した他党のことが話題になったときに、こういうふうに言っていただいたんです。「日本共産党は選挙政策を１００項目も持っている、ここがすごいところだ」「一つを問えば、10も20も答えが返ってくる」「まじめに政策で選挙するところも信頼できる」「しかし、そのすごさや良さが伝わっていない」――自民党政治の全体の行き詰まりを明らかにし、もとから変える展望をもつ、この日本共産党ならではの役割と魅力をどう伝えるか、今年の選挙にむけて、ぜひみなさんとともに挑戦していきたいと思います。

社会進歩の事業のなかでの日本共産党の役割

大会決定では「多数者革命と日本共産党の役割」について1項を立てて論じました。社会変革をすすめる主人公は、主権者である国民自身だ。国民の多数が自ら世の中を変えようとなってこそ社会は進歩する。このなかで日本共産党は何をするのか。どんな困難にも負けない不屈性、科学の力で先ざきの展望を明らかにする先見性を発揮して、国民の自覚と成長を推進することが私たちの役目だということを党大会で確認しました。

総選挙で、国民が「自民党政治ノー」の選択をし、自民党政治に代わる新しい政治を探求・模索するという「新しい政治プロセス」のもとで、日本共産党がどうがんばるかという「道しるべ」が、ここにあると思います。

私自身の政治的経験に照らすと、核兵器廃絶という要求の運動に加わり、日本政府が核兵器廃絶に対してどういう態度をとっているのかを学ぶなかで、政治を変えることが必要だと「自覚」し、運動やたたかい、学びのなかで「成長」したのだと実感しています。みなさんも同じではないでしょうか。

暮らしの要求、平和への願い、ジェンダー平等や人権、気候危機など、いま切実な要求がうずまき、多様な運動がとりくまれています。今年を、「国民の苦難軽減」という立党の精神に立って、あらゆる分野で、切実な要求実現の運動に、国民のみなさんとともにとりくむ年にしていこうではありませんか。ここが「新しい政治プロセス」を前にすすめる出発点ではないかと思います。そして、この要求を阻んでいる政治について考えようとよびかけ、日本の政治を変える道はここにあるよと伝えて、語り合っていく。国民とともにすすみ、「新しい政治プロセス」を前にすすめる年にしていこうではありませんか。

日本共産党の役割としてもう一つ大切なのは、国民の要求の実現を阻み、社会進歩を妨害しようという動きに、正面から立ち向かい、これを国民とともに打ち破っていくことです。社会進歩の事業はたんたんとはすすみません。つねに曲折や困難にぶつかります。そのときにこそ私たちの力が試されます。安保法制反対で国会を包囲する運動のなかで、強行採決によって戦争法が成立したその日に、私たちが中央委員会総会を開いて、安保法制廃止の国民連合政府をよびかけたことは、悔しさ、絶望やあきらめから、次のたたかいに立ち上がることへの貢献となったのではないでしょうか。

今年の政治情勢は、自民・公明の衆議院での過半数割れという不安定で流動的な情勢のもと、大きな激動が予想されます。この政治的激動を国民のたたかいと一体に主導的に切り開き、「新しい政治プロセス」を前にすすめるために、日本共産党の役割を存分に発揮できるよう、私も自らを鍛えていく決意です。

党勢の後退から前進への転換

党勢の後退から前進への転換を果たそう、これは党大会決定の核心です。党員拡大の「空白期間」の問題にメスを入れ、「党員拡大・入党のはたらきかけの日常化」「『しんぶん赤旗』の見本紙を広く届けて読者拡大を」「目標水準の党勢拡大を」と、1年間にわたって私たちは懸命に努力をしてきました。この努力はまだ途上で、飛躍が求められていますが、都道府県、地区委員会、支部単位、分野別など「党を語る集い」が、たくさん開かれ、「集い」に参加してもらって、初めて入党のはたらきかけをしたという経験も全国に広がっています。

こういう努力のなかで、昨年、第28回党大会時比「130％の党」を達成したのが、大分県宇佐市の党組織です。ぜひみなさんにご紹介したいと思います。

昨年1月の党大会にむかう「大運動」から、県委員会の援助もうけて、毎月毎月、党員拡大について考え行動する時間を必ずとって、「党員拡大・入党のはたらきかけの日常化」に努力したということです。五つあるすべての支部が党員を迎え、「大運動」以降42人、党大会後25人の新しい仲間を迎え、「130％の党」づくりをやりとげた。世代的継承にも特別に力を入れて、25人の仲間のうち5人が真ん中世代の新しい仲間だということです。

どんなふうにとりくんだのか。「赤旗」読者に、「二つのお願いがあります」と切り出し、一つ目は「自民党の悪政をやっつけるために衆議院選挙で力を貸してください」、二つ目は、「共産党は25万人の党員がいますが、いま党員を大募集しています。ぜひ、仲間になってほしい」。こういう二つのお願いをしていったということです。大募集、いいですね。私もよく街頭から「ただいま日本共産党は党員大募集です」というふうに訴えてきましたが、こういう大きな訴え、本当に心に響きます。また、党幹部を呼んでの「集い」や、月に1回の「わからんをもちよろう会」という名の「集い」を続けてきたことが力になっているということです。

宇佐市の市議会議員・今石靖代さんに、昨年1年間をふりかえってもらったら、こういう言葉がかえってきました。

「毎月、誰に入党をはたらきかけるか、苦労もありますが、党を応援してくれる人はこんなにもいるんだと思いました。党員が増えると、『もっといるな』と見えてくるんです。業者、女性団体、子どもの支援活動でのつながり、応援してくれる人たちは党に迎える対象者という目で見ていくと、こんなにいるんだなとわかるんです。『この人は無理だろう』という人がスッと入党されることもあり、声をかけてみないとわからないんだとわかりました。これからさらに若い人を迎えて自分の後継者をつくるために努力します」

「必ずしもきれいには進んでいない」とも語っておられたんですね。本当に絞り出すようにというような思いのときもあったということですが、こういうふうにお話をしていただきました。

私も、総選挙直後に、「ありがとう『しんぶん赤旗』」という声とともに、「赤旗」の購読申し込みが中央に次々と寄せられたとき、こんなにも応援してくれる人がいるんだと、心から励まされました。そして、この購読申し込みの多くが、若い世代・真ん中世代であるということを知って、もっと広く、「赤旗」の購読や入党のはたらきかけをしていかなければという決意がこみあげました。

この1月は、次期党大会の折り返し点であり、党づくりの目標達成と、そして参議院選・

都議選勝利のために、みなさんと力をあわせて「強く大きな党」をつくっていきたいと思います。がんばっていきましょう。

最後、五つ目は、未来社会論の新しい発展です。党大会決定では、「『人間の自由』こそ社会主義・共産主義の目的であり、最大の特質」と打ち出しました。

「共産主義と自由」を学び語る「面白さ」と「やりがい」

この未来社会論は、志位議長による、民青（日本民主青年同盟）の「学生オンラインゼミ」をまとめた『Q&A　共産主義と自由――「資本論」を導きに』、全国学習・教育部長会議での講義「『自由な時間』と未来社会論――マルクスの探究の足跡をたどる」（『前衛』24年9月特大号）など、さらに理論的探究が発展しました。

これらをもとに、全国各地で学習会が開かれ、高校生サマーセミナー、学生向け企画、労働者の「集い」などが行われました。大学門前や駅頭での宣伝・対話も始まっています。私も東京で、夕方の帰宅時間にあわせたトワイライト宣伝にとりくみましたが、街頭で『Q&A』の本10冊を完売いたしました。もっと持っていたら、もっと売れたんじゃないかというふうに思いましたが、「共産主義と自由」という、私にとっても初めてのテーマでの対話宣伝が、こんなに響くのかと驚くような体験でした。

この運動は、まだ第一歩を踏み出したところですが、大きな手ごたえを感じています。

なにより、「共産主義と自由」を語り合うことは、日本共産党という党名と党が展望する未来社会への理解や共感を広げ、「自由がない」という共産主義へのイメージも百八十度変えていけるとりくみで、実にやりがいがあるし、とても面白い活動です。

12月に私が講義を行った大学生向けの企画（主催・「共産主義と自由」実行委員会、協力・民青早稲田班、民青新宿地区委員会）は、早稲田大学近くの建物をお借りして行われましたが、党や民青と結びつきがない学生がメールで申し込み、会場いっぱいの参加者となりました。質疑応答も次々に手が挙がりました。参加者から民青に加盟する学生、入党する青年が生まれていることは大変うれしいことです。

「共産主義と自由」というテーマは、社会主義・共産主義をめざしている日本共産党でしかできない対話で、質問もおのずと日本共産党と共産主義への率直で真剣なものとなります。最初の質問はキリスト教の信者だという方で、「共産主義には宗教の自由があるか」という質問でした。2人目は「一党独裁」にならないのか。どちらも、「自由」にかかわる率直な質問でした。その後も、次々手が挙げられ、そのなかで「資本主義は人間や環境を犠牲にしながらすすんでいくと思うが、商品があふれかえるなかで消費者として生きていく私たちは、資本主義を克服することができるのでしょうか」という、資本主義に矛盾を感じながら、それを乗り越えることができるかという、人間の本質や生き方にかかわる質問も出されました。みなさんだったら、どう答えるでしょうか。考えるだけでも楽しくなってきませんか。

感想文では、「労働時間を減らし、自由に使える時間を増やすという考え方や、単純なスローガンをあえて使わず難しい現実を直視する姿勢に共感しました」という感想もありました。

こうして、「共産主義と自由」を語り合うというのは、「本当の富とは何か」「本当に豊かな人間の生き方とはどういうものか」、人間の生き方を深いところから語り合う機会となり、とりくむ側の私たちにとっても、参加者にとっても、楽しく、心が揺さぶられる対話が広がります。

この新しい開拓的挑戦を、今年はさらに全国規模に展開し、発展させる年にしようではありませんか。全国の学園で、街頭で、「共産主義と自由」を学び語り合う大運動にとりくむことを心からよびかけるものです。

党大会決定の生命力を私がどう実感してきたかをお話ししました。

年頭にあたって、全党のみなさんの英知を結集してつくった党大会決定に、あらためて立ち返り、まだ読んでいない同志はいまからでも読み、1度読んだ同志は2度、3度と読み、みんながこの決定を「道しるべ」として、今年の激動をたたかいぬくことを心からよびかけるものです。

参院選・都議選勝利をみんなの力を結集してやりとげましょう。そのためにもこの1月から強く大きな党づくりを新たな気持ちでスタートさせようではありませんか。綱領と党大会決定を力に、この党の魅力を広い国民に語って、対話して、選挙勝利と党づくりで素晴らしい結果を出す年にしようではありませんか。この決意を述べて、年頭にあたってのあいさつといたします。ともにがんばりましょう。ありがとうございました。

(「しんぶん赤旗」2025年1月5日付)